高歌浅唱

秦风 著

上海文化出版社

图书在版编目（CIP）数据

高歌浅唱 / 秦风著. -- 上海：上海文化出版社，2021.9

ISBN 978-7-5535-2374-3

Ⅰ．①高… Ⅱ．①秦… Ⅲ．①诗词－作品集－中国－当代②散文集－中国－当代 Ⅳ．①I217.2

中国版本图书馆CIP数据核字(2021)第197438号

出 版 人	姜逸青
责任编辑	王茗斐
封面设计	华　婵

书　　名	高歌浅唱
作　　者	秦　风
出　　版	上海世纪出版集团　上海文化出版社
地　　址	上海市闵行区号景路159弄A座2楼　201101
发　　行	上海文艺出版社发行中心 上海市闵行区号景路159弄A座2楼206室　www.ewen.co
印　　刷	苏州市越洋印刷有限公司
开　　本	889×1194　1/32
印　　张	7.125
版　　次	2021年11月第一版　2021年11月第一次印刷
书　　号	ISBN 978-7-5535-2374-3/I.919
定　　价	49.00元

敬告读者　如发现本书有质量问题请与印刷厂质量科联系　T：0512-68180628

「爱,在本质上是无限对有限所持的一种态度,相反则构成了信仰或诗歌。」

——约瑟夫·布罗茨基

『年少时的冲动和追寻,在成年后,一半落成了现实,另一半则酿成了诗歌。』

——秦风

序

人,在四十岁以前对年龄或者说生命往往后知后觉。从小到大,无论悲欢,一直在懵懵懂懂往前赶,或风风火火,或浑浑噩噩,几乎就是在这两者的无缝衔接切换中,一路走到现在。猛一抬头,呦,四十了。然后,仿佛一瞬间便对生命重视起来,开始在这业已过半的人生道路上往回循迹。做过的事,经历过的人,一时间涌上来,亦或鲜活,亦或陈旧,一点点汇集成过往生命的轨迹。穿军装的时候,上山救过火,下海斗过浪,亲身参与见证过国家的重要历史时刻,为军旗增过光,为国旗添过彩。那十年,只有大我,没有小我。后来脱下军装到地方,大我仍在,但对小我有了更多的体会和感悟。林林总总,突然想到应该对这些年的生命体验做一个小结,以作为前半生的纪念。好在我平时就有写点小诗,搬弄点文字的习惯,而这些恰恰就是我生命体验最直接、最真实,也是最具灵魂的记录和呈现。于是,便有了《高歌浅唱》,这本送给四十岁自己的纪念册,也送给每一个和我一样注重并珍视生命体验的鲜活个体。

诗歌,本是无需注释的。它以极其个性化的体验述说、赞颂、以至批判,它不求所有人的理解,若得一人共鸣,便是莫大的欢愉。但关于《高歌浅唱》,我还是想要啰嗦几句,以作些许说明。《汉书·艺文志》有云:"诵其言谓之诗,咏其声谓之歌。"诗歌都应具有音乐性，所以旧体诗词都讲求基本的韵律，谱上曲就能唱。而现代的白话诗，之所以不被有些人认可，甚至排除在诗歌序列之外，一来确实是有些白话诗作品本身质量堪忧，拉低了读者对诗歌的欣赏水平和基本认知，二来就是现代的许多白话诗丧失了基本的音乐性，读起来佶屈聱牙不说，更无半点诗歌的意境和调性。所以，我个人是比较重视诗歌所蕴含的音乐性的。旧体诗词自不必说，我在写白话诗的时候，脑海中亦每每有音乐响起，落在笔端的文字便随着脑海中的音乐流淌依次落定。即使是只有寥寥数字，篇幅很短的小诗，那也一定是由我脑海中那几个跳跃的音符落成。这也是我会把白话诗与旧体诗词放在同一本诗集里的原因。抛开人为的格式限定和诗体区分，不论新体旧体，它们都是诗歌，至于选择什么诗体，抽象点说，那是诗人在表达不同的情感和心境时脑海中流淌着不同的背景音乐。于是乎，白话诗部分名为"四季如歌"，旧体诗词部分名曰"宫商角徵羽"，包括整本诗集取名"高歌浅唱"，都有音乐性这个隐性的考量在里面。当然，高歌浅唱更是我本人的一种生命态度。在诗人看来，生命亦如歌。

年少时的冲动和追寻，在成年后，一半落成了现实，另一半则酿成了诗歌。每个人都是诗人，无论你是否曾将它们落成白纸黑字，那些充满诗意的句子一定都曾在你心底默默流淌，反复咏唱。时而高亢，时而低婉，高歌浅唱，都是生命最美好的模样。

2021 年 6 月

目 录

四季如歌

春

大叔 / 004
背上吉他，离家出走 / 005
我若有个爱人 / 006
深情 / 007
念 / 008
思 念 / 009
一首思念的歌 / 010
不曾辜负 / 011
可算有你 / 012
新年 / 014
相爱一场 / 016

你 / 017
少年 / 018
青葱少年 / 020
你八岁了 / 022
孩子，我要告诉你 / 024
你和我 / 026

夏

雨 / 030
夏日记忆 / 031
你看，这思念疯长 / 033
同学少年 / 034
天使之恋 / 036

流浪 / 038

青海湖边，点一支烟火 / 039

我趟过青的草，绿的河 / 040

远山的歌 / 042

海岛盛夏 / 043

我有一条小船 / 044

黄昏 / 045

夜曲 / 046

在年轻的时候死去 / 047

战斗打响 / 048

我，一颗尘埃 / 049

秋

昨天，今天，明天 / 054

你 / 055

天堂 / 057

两个孩子 / 058

讲个故事给你 / 059

我无法替你难过 / 061

深秋的黎明 / 062

那些日子 / 063

我走了 / 064

勿念 / 066

为你而作的歌 / 068

这个杀手不太冷 / 070

生命·时光 / 072

我有一块地 / 073

夜 / 074

养花 / 075

树 / 076

冬

我 / 080

随想 / 081

我从遥远的星空寻找光亮 / 082

一首无关主题的诗 / 084

芳华 / 087

战士 / 089

好个冬天 / 090

冬日的火舞 / 092

木屋 / 093

寂寞 / 094

两个人正好 / 095

这漆黑的夜 / 096

卡帕多奇亚 / 097

以弗所之歌 / 099

来不及再见 / 100

再见 / 101

如果，再见 / 102

宫商角徵羽

宫

梦回汉唐 / 106

长安行 / 107

大唐飞歌——那些伟大的灵魂 / 109

大唐红颜 / 110

少年故宫行 / 111
南昌行 / 113
登黄鹤楼二首 / 114
重游三清山 / 115
观德天大瀑布 / 116
三十八岁生辰 / 117
江城子·人生四十梦一场 / 118
柳梢青 / 119
清平乐·己亥年除夕 / 120
点绛唇·除夕 / 121
水调歌头·初上井冈山 / 122
念奴娇·红旗渠 / 123
念奴娇·人民海军——纪念人民海军建军七十周年 / 124
破阵子·纪念抗美援朝七十周年 / 125

商

晓秋 / 128
卷珠帘 / 129
相见欢·高歌浅唱无酒 / 130
相见欢·转眼新人旧友 / 131
长相思二首 / 132
鹊桥仙·七夕 / 133
菩萨蛮 / 134
临江仙·叶落霜红秋风起 / 135
如梦令·十年繁华光景 / 136

点绛唇·何事忧愁 / 137

点绛唇·南国 / 138

点绛唇·鸦雀枝头 / 139

丑奴儿·雨打芭蕉相思重 / 140

忆秦娥·音声绝 / 141

角

夜宿四明山 / 144

早樱 / 145

玉兰 / 147

登岱山岛 / 148

孟夏钱塘行 / 149

陌上行 / 150

如梦令·春寒烟雨如酒 / 151

点绛唇·春风十里 / 152

蝶恋花 / 154

临江仙·梦里千寻终南去 / 155

望江南·须年少 / 156

望江南·登晋王祠 / 157

西江月·溪口寻漂流未遇 / 158

踏莎行·清明 / 159

徵

点绛唇·天上神仙 / 162

如梦令·情深不畏缘浅 / 163

如梦令·楚馆花灯依旧 / 164

如梦令·应是西风料峭 / 165

临江仙·欢聚小楼不肯睡 / 166

临江仙·夜饮 / 167

清平乐·老魏 / 168

乌夜啼·寒风吹瑟瑟 / 169

薛涛 / 170

望江南·登江郎山 / 171

酒 / 172

与友人聚于思南小楼 / 173

甲午中秋三首 / 174

秋日偶遇 / 175

羽

杭州行四首 / 178

广西行三首 / 179

莫干山 / 180

乌镇·江南 / 181

冬日江南 / 182

午后漫步 / 183

夏日湖畔行 / 184

不思量 / 185

无题 / 186

雨后晚晴 / 187

灵江月·乡情 / 188

临江仙·一去龙游二十载 / 189

如梦令·秦淮 / 190

忆江南·武功山夜饮 / 191

清平乐·小院人家 / 192

余音

文化杂谈之唐诗与唐代 / 194

江湖杭州 / 197

塞纳河左岸,与诗意无关 / 200

夜游秦淮 / 204

纪念我的外公 / 206

李敖 / 209

也许 / 212

四・季・如・歌

春

你是月光抚摸头顶的温柔，太阳一般暖人的阳光。

大叔

大叔
哎
走喽
哦
走了

背上吉他，离家出走

背上吉他
离家出走
歌声荡漾
琴声悠扬
你是月光抚摸头顶的温柔
是肩头温暖如春的阳光

背上吉他
一路歌唱
死了只管入土
活着尽情狂欢
那些阴谋与我何干
所有崇拜都是幻象

离家出走
直到世界的尽头
与生者干杯
和灵魂跳舞
弹一曲最后的歌
送我
在世人的遗忘中烟消云散

背上吉他
离家出走
歌声荡漾
琴声悠扬

我若有个爱人

我若有个爱人

她一定和我一样

素面朝天

喜怒无常

赤裸着身体

还有灵魂

在阳光下飞奔

无意旁人的目光

我若有个爱人

她一定和我一样

经常勇敢

偶尔彷徨

被流言撕裂

裂成碎片

在风中凌乱

依然彼此纠缠

我若有个爱人

她一定和我一样

向往安宁

不惧疯狂

被世人遗忘

直至灰烬

在时光里穿梭

来去匆忙

深情

你
在那里
就在那里
在风里
在雨中
亭亭玉立

我
在这里
就在这里
伫立
守望
报以深情

念

这一遇
宛如初见的美丽
似冰山融化
如洪水决堤
千年的轮回
我忍住了相见
却忍不住思念

这一见
难掩相遇的惊喜
看风吹麦浪
听弥弥佛音
旋转的经筒
我忍住了自己
却忍不住你

这一念
千回百转
我忍住了执著
却忍不住想起

思念

我转身
你抬头
便是初见
低首,顾盼
只一眼
便望成了思念

这思念如泣
一点
两点
结成冰,落成霜

这思念如诉
一字
一句
积成怨,熬成疾

这思念
如影随形
一眨眼
便叫人冷落了光阴

一首思念的歌

我向着满天的星光
寻你
星光闪烁
像你的眼睛
微笑着凝望
调皮而又深情

我向着温暖的海风
寻你
海风轻抚
似你的柔情
羞红着脸
扑进我怀里

我向着无尽的夜色
寻你
夜色阑珊
如我的思绪
悄悄地张望
平静而又着急

我满世界寻你
遍寻不着
一转身
发现
你在我心里

不曾辜负

每个清晨
我都不曾辜负了你
你
也未曾负我
你在风梢
在云端
在眼前一亮的欣喜
在心头一紧的惆怅

每个夜晚
我都不曾辜负了你
你
也未曾负我
月圆时
你笑得酣畅
月缺时
你偷偷让自己圆满

你
是一首永远写不完的诗
只要我活着
你便一直生长

可算有你

人生可有意义
若无
这一遭走得凄迷
若有
诗酒
或其他
你我需各自赋予

我的意义有你
每个你
年月已老
依旧清晰
只一抬眼
你搅动的光阴
荡漾至今

年轻时
把天真挂在脸上
沧桑写进心里
待到老了
当沧桑爬上脸颊
再把天真装进心里
见你，见心，见自己

可算有你

可算有你

有你

这世间便有风

有日月

有星辰

有朝夕

新年

旧年恋恋不舍
新年喜气洋洋
记忆
一身辞旧迎新的华丽装扮
在盼望中眷恋
在眷恋中盼望
你听
新年的钟声即将敲响

红酒凉成了夜色
思念醉成了别离
回忆
舞步凌乱，跌跌撞撞
来不及的拥抱
触不到的温暖
我们不可能团圆
今晚没有月亮

你看，你看
天还没亮
我们还有时间
赶在今夜向往
天一亮
向往便成过往

你看，你看
天还没亮
我们还有时间
赶在今夜思量
天一亮
思量便无处躲藏

——12月31日夜，准备迎接新年

相爱一场

趁着还没忘了怎样热吻
相爱一场
有那么点儿悸动
有那么点儿忧伤
我不嘲笑你的娇羞
你也别嘲笑我的慌张

趁着心还会狂跳
相爱一场
有那么点儿固执
有那么点儿疯狂
我轻轻揽你的腰
你紧紧贴上我的胸膛

趁着还有渴望
相爱一场
有那么点儿怯弱
有那么点儿勇敢
我把你望进深深的眼里
你把我放在暖暖的心上

趁着今生
我们相爱一场
我一个微笑
你一个拥抱
瞧这爱情
一副叫人欢喜的老派模样

你

你走
像你来的时候那样
你哭
像你笑的时候那样
你闹
像你安静的时候那样

你蛮横
像你温柔的时候那样
你妖娆
像你素净的时候那样
你张扬
像你娇羞的时候那样

你勇敢
像你害怕的时候那样
你坚强
像你脆弱的时候那样
你执著
像你左右为难的时候那样

你在脑海轻轻掠过
像昨天那样

少年

你走进校门
走进一段时光
那里
有朗朗的书声
有热闹的嬉戏
有尽情的雀跃
有懵懂的忧伤
你背着书包
蹦蹦跳跳
一转身
便别过了父母的目光

你讨厌惩罚
渴望奖赏
在表扬和批评声中
理解着大人眼里的对错
在冰淇淋和棍棒之间
体验着世间的冷暖
相比额外的赞美
你受到的委屈更多
但你会慢慢懂得
每次擦干眼泪
都是一次成长

若干年后

你走出校门

长大成人

当你再次走进这段光影

它就像一张旧照片

有些模糊

有些泛黄

你轻轻触摸

细细回想

快乐，抑或悲伤

感谢，抑或遗憾

都是最好的少年时光

青葱少年

青葱少年
如冬日暖阳
在奔跑中放飞时光
少年
你快些跑
将这岁月变得热烈
孩子
你慢些走
好将这时光拉长
我
终将褪成你的记忆
而你
终将长成你喜欢的模样

你八岁了

你八岁了
我想说的太多
无奈言语笨拙
一出口便会走样
还是为你写诗吧
无需理解
不必深思
就只是一种热望
如我对你这般

你八岁了
这八年里
祝愿，以致期盼
教导，以致训斥
疼爱，以致溺爱
总之
对的，归你
错的，归我
成长，归你我

你八岁了
像我
又不像我
你热闹的时候像我
顽皮的时候像我

发脾气的时候像我

只有乖巧的时候不像我

总之

好的,归你

坏的,归我

情分,归你我

你八岁了

这是写给你的诗

无需理解

不必深思

就只是一种热望

算作此生缘份的注解

期待下一个八年

你往我面前一站

我一抬头

喔,好个小伙

孩子，我要告诉你

孩子
我要告诉你
喝酒
并不是因为酒好喝
而是不想时刻保持清醒
每次醒了又醉
都是为了逃离

抽烟
也是允许的
但你要懂得爱惜自己
然后
让有趣的灵魂填满身体

孩子
如果你读书读到一半
突然很想写诗
那么
写诗去
书不会长脚跑掉
诗意却不会一直等在那里

沉醉
不是假装陶醉
清醒

也不是冷酷无情

在夜晚做梦

天亮了就去追寻

孩子

我爱你

但我并不是一个好的父亲

我没能比你成熟

无法在世俗中引导你

唯有尽全力护你成长

直到你足以自立

最后

关于人生

孩子

我想说

我有我的

你有你的

我们都只需做好自己

你和我

你看你
嘴角倔强
眼神锋利
一点都不似我
一个温暖如春
一个冷若坚冰
常常势不两立
却又相依为命

你看你
双眉紧锁
面色沉凝
一点都不似我
一个灵活多变
一个始终坚硬
明明惺惺相惜
却又面面相觑

你看你
高高在上
清冷孤寂
一点都不似我
一个永远嘲笑
一个绝口不提
难得心有灵犀

却又口不对心

你看你
嘴角倔强
眼神锋利
一点都不似我
却深得我意

雨

只因
多看了你一眼
你就哭了
你一哭
我就慌了
——大雨倾盆前 1 秒的天空

夏日记忆

夏天来了
大雨冲开新土
唤醒了记忆
曾经深埋的欢喜
重见天日
在这雨季疯长
长成思念
长成眷恋
被往日时光轻轻撞见
滚烫而惊喜

穿越时光的长河
在彼岸的夏天
我骑单车路过
沿街的天台
那一身宽松洁白的衬衣
百合般哭泣的少女
恍惚间
这夏天的热风
冷不丁地
把我吹进那张不老的照片

猜不透的心思
回不去的少年
那被遗忘在角落的红豆

早已悄然落地

生根发芽

结成一个你，两个你

三个你

……

你看,这思念疯长

你看
这思念疯长
长成一株草
一朵花
一棵参天大树

你看,你看
这思念疯长
野蛮
妖娆
枝繁叶茂

同学少年

曾经的青春年少
哭着闹着便远去了
像不远处的风景
单单地望着
便觉触手可及
古道边,柳荫下
指尖轻轻触碰
惊醒了爱情

曾经的同窗时光
说着笑着便逝去了
像被雪藏的书籍
少了初见时的生涩
添了旧友的深情
课桌上,日记里
笔尖轻轻流淌
刻下少年意气

那念念不忘的青春
那念念不忘的情谊
只一声追忆
便有了最好的响应

再聚首
烛光婆娑

浅尝畅饮

在歌声与微笑中

我们再次将彼此刻进记忆

再回首

看少年壮志

看裙摆飞扬

听那朗朗书声

好一个同学少年

——2015.6.13 与中学同学聚于杭州

天使之恋

初夏的夜
天空布满星辰
你从天际坠落
带着银色的星辉
金色的头发
蓝色的眼睛
你浅浅地笑
我忘了问你的姓名

花哨的格子衬衫并不衬你
还有点傻傻的气息
褪了色的牛仔裤也太肥了
你却毫不在意
依旧浅浅地笑着看我
我也并不在意
看着你
连自己的名字都会忘记

到了秋天
麦田里一片金色
像极了你金色的头发
古老的橡树结了果
我抬头看到斑驳的树影
你第一次偷偷吻我
我又惊又喜

踮起脚把你抱得很紧
收获的季节
我没想过那会是分离

你说
即使无法成为爱人
也要我做你永远的桂冠
你一低头
眼泪都是蓝色的
你说
你愿做个凡人
因为会怀念人间的悲伤
我说好，我等你
等你趟过斯提克斯河
我一定还在这里

流浪

想找人陪我去流浪
只因对过去的怀念
想找人陪我去流浪
只因对远方的向往
我有两个我
一个依赖于现实
一个执著于理想

我知道
幸福有时可以像花儿一样
但勇敢却始终被我赞扬
当灯光每夜闪亮
我便开始去流浪
一个人精神的出走
是灵魂在游荡

想找人陪我去流浪
手牵着手
一起去看天有多高
海有多广

青海湖边，点一支烟火

点一支烟火
在夕阳下放飞
旋转的花火
惊醒了湖水
惊艳了暮色

放马在草地上慵懒
放自己在湖边徜徉
晚风掠过
吹动了经幡
吹醒了沉睡的玛尼堆

我趟过青的草，绿的河

我趟过青的草
绿的河
那芳香野花留我
留我在柔软的花海
搭一个窝
避了狼群
躲了风雨
劈了门前的柴火

我走过蓝的天
白的云
那金色麦浪留我
留我在向阳的山坡
跳一支舞
一袭罗衫
一对翅膀
一曲只天上有的歌

我路过血红的夕阳
银色的月光
那满天繁星留我
留我在璀璨的星河
生一团火
驱了寒意
暖了心窝

从此

别过了年月

别过了蹉跎

远山的歌

车轮悠悠
前路漫漫
蓝天清澈
白云透亮
猫儿，狗儿，马儿
好一朵甜蜜的棉花糖

天辽地阔
山高水长
火车呼啸
铁轨沧桑
红的，黄的，绿的
好一列寂寞的色彩斑斓

前路漫漫
山高水长
从眼前到耳畔
我分享了远山的孤独
远山感染了我的忧伤
还好，还好
有你在身旁

海岛盛夏

在盛夏的热风里
趁着夜色出发
满怀欣喜
朝着大陆的尽头
扑向
深深的海里去

在海风的暖熏里
趁着星月出发
头枕波涛
向着大海的深处
等待
一个丰收的黎明

哦,我要归去
翻腾的海浪里
有我遗落的记忆
那面朝大海的身影
目送
一场朴素的别离

哦,我要归来
袅袅的炊烟里
有我迫切的归心
那一袭洁白的长裙
翘首
一个满载的归期

我有一条小船

我有一条小船
停靠在静静的河岸
在天亮出发
披着晨风
迎着朝阳
撑一撑竹竿
水波在身后荡漾

我有一条小船
徜徉在夕阳的余晖
在天黑前靠岸
身披晚霞
仰望星光
生一缕烟火
饭香在船舱弥漫

我有一条小船
飘荡在人海苍茫
寻一人同行
风雨相随
喜乐相伴
从此
星辰大海
遗忘了时光

黄昏

黄昏
终结了白日的喧嚣
开启了夜色的迷离
昼夜
在这里别过
也在这里相遇
来不及拥抱
也未及深情
夕阳下
留一个背影
彼此纠缠不清

夜曲

我把自己埋进无尽的黑夜
幻想着
仍有黎明

在陌生的路上
在熟悉的街区
我携影随行
向每个夜晚
致敬

在年轻的时候死去

在年轻的时候死去
趁着还有些懵懂
为爱再疯狂一次
直至殉情

在年轻的时候死去
趁着还能扛起枪炮
为荣誉再战斗一次
直至捐躯

在年轻的时候死去
趁着还心存相信
为理想再燃烧一次
直至灰烬

在年轻的时候死去
趁青丝未变白发
趁眼神依然清澈
趁心跳铿锵有力
以天真的模样降临
以绚烂的姿态离去
……

战斗打响

战斗打响
这胜利
来得匆忙
未及张扬
这喜悦
来得忧伤
未曾梳妆

荣耀冲锋陷阵
自由早已阵亡
国家,民族?
一场自娱自乐的共同想象
利益勇往直前
道德东躲西藏
公平,正义?
一群自我救赎的魑魅魍魉

信仰奄奄一息
理想遍体鳞伤
我是退伍的老兵
是落魄的国王
偏安于盛世繁华的角落
守卫荒凉

我，一颗尘埃

我
一颗尘埃
来自一百四十亿年前
那片寂静的万年虚空
爆炸
悄无声息，猝不及防
吞噬一切
又瞬间膨胀
我被黑暗吞噬
也从黑暗中迸发

撕裂的躯体
破碎的灵魂
游荡
躲过了黑洞
穿越了星河
一路欣喜，一路忧伤
一路找寻，一路迷茫
一路跌跌撞撞
亲吻过无数绚丽的光芒

如今
身在这蓝色的星球
从海洋，到陆地，到天空
我在海底徜徉

在大地奔跑

也曾在天空翱翔

我在水中荡涤

在林间伫立

也曾随风飘扬

转眼

又是几十亿年的时光

回想初相遇

对这世界

我来得莽撞

也爱得匆忙

而今

也无欣喜，也无忧伤

也无找寻，也无迷茫

我只在海边的悬崖

等待

五十亿年后的那个星期四

当那个叫做太阳的星球燃尽

我

仍会是一颗尘埃的模样

秋

我和明天有个约会,却被时光遗忘在了昨天。

昨天，今天，明天

我和明天有个约会
却被时光遗忘在了
昨天

今天
进退两难
只好等在原地

你

你在秋日的阳光下走过
浅浅地微笑
绽放灿烂的颜色
像林间的百灵
似秋天的硕果
我在微凉的秋风中
坠入暖洋洋的爱河
心想
这美丽的姑娘
将是我人生最美的景色

你在梧桐叶落下走过
轻轻地抬头
透露专注的神色
像圣洁的天使
似绽放的花朵
我在不经意的转角
遇见这最美的时刻
于是
鼓起勇气播下种子
期待收获

你在我心间走过
静静地停留
仿佛许久之前曾来过

是前世的眷恋
是今生的无法割舍
我在卡冈图雅[1]的这头
感受这穿越光年的温热
等待
摇一杯红酒
唱一首情歌
……

---

1 注：卡冈图雅，电影《星际穿越》中的黑洞

天堂

想飞
我给你一对翅膀
让你去飞翔
因为
天的那头没有忧伤

你幻想时总爱倚靠的那棵树
我将它砍了做了机场
曾经
你靠着它梦得很香
现在
它成了你梦想起飞的地方

一直有一个希望
在天边闪着绚丽的光
你飞向远方
快乐地像小鸟一样
有一天
你若累得再也挥不动翅膀
你就欣然降落
有我的地方
就是你的天堂

两个孩子

我有两个孩子
一个
哭着,哭着
就笑了
一个
笑着,笑着
就哭了

我看着他们
看着,看着
就笑了
我想起他们
想着,想着
就哭了

讲个故事给你

讲个故事给你
故事里
我弄丢了自己
在漫无边际的黑暗中
在琐碎空洞的日子里
我丢了自己

找寻
一路彷徨,一路泥泞
从雨天出发
一直走到晴空万里
一个人的出走
是两个人的修行

我看见路上的人们
忙碌且自信
我看到镜子里的自己
慌张而着急
相比冷漠
生气是那么温暖
相比放弃
纠缠是那么勇敢
两个人的寂寞
抵不过一个人的深情

讲个故事给你
故事里
我找到了自己
在面朝大海的小屋前
在白色围栏的院子里
我看那夕阳落在尘埃里
两把摇椅都躺了人
或者空了一把
只淡淡地望一眼
不必深情
也无关风雨

我无法替你难过

我无法替你难过
你的泪水
就只是你的
流过了
才能被悲伤放过

我无法替你快乐
你的笑容
就只是你的
绽放过
才是真的快乐

你的悲欢
就只是你的
我愿意分担
你愿意分享
已是最好的结果

深秋的黎明

深秋的黎明
趁着晨风
我拼尽最后一丝心血
从枝头挣脱
与你相遇
预谋的逃亡
为赴一场不期的约定

喜极而泣
不为重逢的雀跃
只因离别的惆怅
不为眼前的胜利
只因曾经的苦难
不为盛时的繁华
只因
落寞里内心的荒凉

秋已深
我在风中肃立
向每一段过往
致敬

那些日子

有些日子
总叫人难忘
你在晴日里细数阳光
一分，一米
我在细雨中如沐青丝
一丝，一缕
哦，这是爱情啊
也像极了别离

相爱的日子
无关阴晴
也无关风雨
离别之后
我是一株银皇后
埋在你寂静的花房
你是一颗子弹
长眠在我沉寂的心田

我走了

我走了
在春日的暖阳里
清风拂面
将你的脸，我的脸
轻轻捧起
亲吻，再亲吻
我们笑得张扬
美得恣意

我走了
在盛夏的草原
大雨滂沱
丰盈了小河
滋润了土地
我们仰面相迎
打湿了脸庞
浸透了衣襟

我走了
在深秋的光影
梧桐叶落
寂静，飘零
斑驳满地
我们隔街相望
靠近，再靠近

携手，欢喜

我走了
在冬日的异国土地
白雪皑皑
欢闹，惊喜
一双脚印，两人同行
再见，又再见
一生情意
两世别离

勿念

若有一天
我悄然离去
你会否在黑暗里惊醒
那应该是个凌晨
天还未亮
空气有些湿冷
微风在夜色里缱绻
想要躲过黎明

迷雾中
被笼罩的死亡讯息
吞噬
每一缕想要点亮的光明
夜莺哀鸣
树影婆娑
腐败的土地
想要破土而出的生机

你别来寻我
决定将你遗留这世间
我已鼓足了所有的勇气
在黎明前的至暗时分
慷慨前行
来路漫长而艰辛
前路平淡无奇

我从不担心我自己
只是你
也要鼓起勇气
否则，我定会嘲笑自己

快乐无法独享
悲伤
留给一人足矣
但我并不孤单
毕竟，我们有那么多过去
我们还有将来
只是，你需独自走下去
不，还有诗篇
和着我们最爱的旋律

我走了
在森林的那头
深埋在朝思暮想的曾经
一切都好
勿念

为你而作的歌

我写首诗
关于你的
我的
我们的歌
诗里有朝阳的雀跃
有晚霞的欢歌
在晨光里盼望
在月色下摩挲
身体
或者灵魂
总有一个紧挨着

有好多的话
想对你说
只是
说出来的永远走样
想说的永远语塞
那就在心里藏着
有生之年
心门紧锁
直到有一天
你路过我的墓碑
上面刻着我的名字
还有
这首为你而作的歌

我写首诗
关于你的
我的
我们的
歌
你在风里轻轻唱
我在天上轻轻和
……

这个杀手不太冷

走吧
带上枪和子弹
带上我
你如此果敢
我同样切迫
任凭脸上溅满鲜血
我也毫无惧色

走吧
带上枪和子弹
带上我
真爱如此匆忙
我们还来不及厮磨
你扣下扳机
我是随时为你触发的底火

走吧
带上枪和子弹
带上我
这世界如此冷漠
我不愿一个人独活
阳光洒满窗台
世界蜷缩在阴暗的角落

走吧

带上枪和子弹

带上我

你活着

我做一盆银皇后跟随

你走了

我和你一起

在土地里埋着

生命·时光

就这么划过
像流星
像利剑
像凋落的花朵
没有相逢
没有错过
仿佛夜幕苍穹里
遥相呼应的微光
和草尖上
呼啸而过的歌
你就那么唱着
我就这么和着
含泪,一笑而过
落寞,繁华,爱过
许一个来生
允许自己
重新来过

我有一块地

我有一块地
亲手围了栅栏
半米高
正好
够孩子们来回蹦跳
栅栏里是家
栅栏外是远方

我有一块地
亲手搭了小屋
木头的
不大
够我们关上门地老天荒
屋外是热闹
屋里是温暖

我有一块地
亲手种了橡树
白色的
树荫如冠
我在树下立两块墓碑
夏听清风
静待秋黄

夜

累了
随便找块空地躺下
仰望
和夜空打个照面
黑色不是夜
闪烁的星光才是

风
吹醒了树叶
吹醒了我的脸
随手采一片夜色给你
是我仰望的那一片
你听
这夜色里有风
那风刚刚拂过我的脸

养花

我养一盆花
高兴了,浇水
不高兴,也浇水
最近经常没情绪
它,便濒临死亡了

它活着也是无趣吧
振作
或者萎靡
我都不曾正视
绽放
抑或凋谢
又有谁欣赏吗

那就自生自灭吧
互不依赖
也不讨好
我路过它
它也路过我
不必浇水
无需灌溉
望一眼
便是一生的情分了

树

我在这里
站立
你说我骄傲
我便骄傲
你看我孤独
我便孤独
你说我温暖
我便温暖
你看我冷清
我便冷清

我在这里
站立
你远远地看我
从我的身旁路过
你欢喜
不欢喜
我就在这里
站立
骄傲，孤独
温暖，冷清

冬

我

我再不愿被赞美
那些动听的溢美之辞
抑或朴素
抑或华丽
总在白天讨好我的耳朵
却在黑夜噬咬我的灵魂
那高高耸立的假象
摇摇欲坠
仿佛随时准备将我埋葬

我喜欢我的思想
却不齿我的为人
就像彼得拉克对西塞罗那样
或许
行为的卑贱
只为崇高的热望

我想要
这伟大土地
美名浩若星辰
却要自己寂静如尘土
我想要
就这样转过身去
留一个弱小的背影
以背负更多的骂名

随想

人生
真假未知的旅程
真实得惨淡
虚幻得深沉
刻意的谦卑
捏造的神圣
只为一个共同的想象
宏伟的圣殿
只有窗,没有门

人们
自缚的手脚
伛偻的身躯
日渐枯萎的灵魂
阳光下潜行
暗夜里狂欢
只为一场虚假的繁荣
无休止的争斗
自负,且愚蠢

我从遥远的星空寻找光亮

我从遥远的星空寻找光亮
从陌生的土地寻求温暖
白天只是我的假面
黑夜才是我尽情的模样
卑贱诚惶诚恐
高贵装模作样
那些看似清醒的灵魂
内心混乱不堪

我有点暴躁
你有点忧伤
我们都傻傻地倔强
一个或一双
在熙熙攘攘的人群中
站成一副孤独的模样

有能力毁灭
才有权力宽恕
神圣是高冷的欲望
每个人都是窃贼
或为利益
或为一个伟大的声望

世俗的假装超脱
超脱的几近疯狂

坚持
终熬成退让
初冬的早晨
阳光有点刺眼
像风干后被捻碎的花瓣

一首无关主题的诗

我看到
尘世间
无病呻吟的赞颂
和故作姿态的怜悯
那些假装认同的神情
和包装精美的奉承话语
遍地横行

我知道
这社会
自有精心设计的规则
由来已久
每个人都难逃算计
必须努力的人别无选择
那些躺着的人则无需努力

我听到
内心里
掩饰不住的向往
直到热望战胜了彷徨
我把全世界都关在门外
只留下
属于一个人的独来独往

幸福

和苦难一样
猝不及防
也理所应当
从那双清澈的眼里
我看到
满怀深情的无边孤寂
和掩饰不住的天生善良

找一个地方
鲜花浪漫，泥土芬芳
活着的时候沉醉其中
死了就地埋葬
只是
与我们平淡的人生相比
婚礼和葬礼都太过端庄
是刻意的深情
而非生活的本来模样

每个人都是一本书
最后那几页
既匆忙也漫长
像戛然而止的音乐
像无尽的隧道
没有灯光

有阳光的地方就有阴暗

阳光渲染微笑的脸庞

阴暗用以迎合悲伤

我看到

夕阳下

瘦弱的身影

慢慢拉长

拉长

直到变得伟岸

……

芳华

人群中
假装崇拜的目光
一种看似神圣的端庄
那些为我而作的颂歌
比誓言还雄壮
惶恐
赞美比批判疯狂

爱
或恨
热烈
或冷漠
欲拒还迎的纠缠
暧昧
一副青春的混账模样

一颗红星
两面红旗
活着
或死去
我都欣然
埋葬
无处安放的军功章

诚恳的

我都包容
虚伪的
都不原谅
我以单手抱你
深情
敌不过人世的荒凉

战士

在灾难深重面前
我从不退却
也从无悲伤
敌人在窃喜
在窥望
想象我们落败的样子
期待我们举手投降

在寂静的战场上
我是一名战士
紧握钢枪
手心发烫
等待战斗打响
任凭战火纷飞
始终能认清敌人的方向

在无数个平常的日子里
我是一棵白杨
扎根故土
挺立守望
在寂静里等候
等风
等雨
等斜阳

好个冬天

好个冬天
若非记起
早已忘却
在纠缠中打磨的思念
一不留神被碎片伤了眼
泪流满面

好个黑夜
若如往昔
应已飞雪
在影影绰绰间的怀念
一击即中的美丽瞬间
满心喜悦

若干年前
在瞬间掉落的世界
一抹桃红的温暖
和那双纯真的眼
十字路口的斑马线
犹如音符跳跃的黑白琴键
悠悠扬扬
好一曲欢快的音乐
从此
便舍了木马旋转间的花花世界

好个冬天

若非有你

早已冷却

恍然间,时光流转

蓦然回首

宛如初见

冬日的火舞

冬日的火舞
变幻,热烈
噼啪作响的音节
我着了迷
红了脸
温暖
像极了你的怀抱
安稳,香甜
哦
天色将晚,天色将晚
守着你
忘了明天
只念今夜

木屋

哦,这落单的木屋
外面飘着雪
纷纷扬扬
装饰了整个黑夜
寒风,争抢着
从门缝挤进屋里
欢呼雀跃

这撩人的酒馆
酒杯温热
裙摆飞扬
壁炉里火苗招摇
噼啪作响
举杯,鼓掌
满屋子赞赏的目光

哦,你就那样
就着炉火,轻舞飞扬
偶尔望一眼便好
别太靠近
否则
你我都不知道
今夜,将如何收场

寂寞

这夜色太满

满是寂寞

无处闪躲

点盏灯

让它在黑暗里长明

灯一灭

你我都会被寂寞吞没

两个人正好

一个人无聊
一堆人太吵
两个人正好
是的
如果恰巧
你也这么认为
那么
两个人正好
否则
人群中的孤独
远胜
独处时的寂寥

这漆黑的夜

这漆黑的夜
黑寂了
暗透了
把早已死去的
都惊醒了

这漆黑的夜
迷人的眼
捂人的耳
咬人的灵魂
谁都不放过

这漆黑的夜
我不是我
你不是你
我还是我
你，还是你

这漆黑的夜
悄悄地
深深地
把一切
都吞没了
……

卡帕多奇亚

我在卡帕的山巅
等你
在幽暗的洞穴
在微光的黎明
温热的红酒
吟唱的圣经
等待
阳光洒满山谷
你从上天降临

风起的黄昏
我在卡帕的山巅伫立
我看到
诸神难掩的忧伤
听见
希罗多德轻声的叹息
我生而为你
死亦相随
万水千山
朝里暮里

世间有冷暖
若要怜悯
你便怜悯
众生皆为子民

莫叫任何一个哭泣

世间多善恶

若要惩戒

你便惩戒

我们面容低垂

双手交握合十

直至你欢喜

我在卡帕的山巅

等你

在每个山谷洞穴

默念你的名

以弗所之歌

当东方的天际微微亮起
驾着战船出发
宣礼声在晨风中回荡
唤醒了整个黎明
扬起帆
挥别窗前的凝望
向着大海的深处
循着英雄的航迹
起航

亚底米的庇佑
圣保罗的书信
奥斯曼无情的铁蹄
雅典的智慧
斯巴达的血性
巴巴罗萨疯狂的海军
地中海边
这一片上帝亲吻的土地
……

当东方的天际微微亮起
战船整装待发
宣礼声在晨风中回荡
唤醒了整个黎明
我在窗前伫立
凝望
一个远去的背影

来不及再见

遗弃
抑或
自我放逐
在欧亚大陆的两端
告别,猝不及防
我在异国
你在他乡

游荡
抑或
自我遗忘
在加拉塔大桥的两头
留恋,姗姗来迟
你在眼前
我在远方

走吧,走吧
在黑海的尽头
在地中海的港湾
走了,走了
来不及再见
便来不及忧伤

再见

即使
明天才踏上归途
今天便说再见吧
怕是等到明天
便舍不得说了

即使
此生未必真的再见
也把再见说了吧
好歹
是个念想

再见，土耳其
再见，伊斯坦布尔
再见，那一袭裙摆飞扬

如果，再见

想说的不能说
不想说的非说不可
真懂或者假懂
浑浑噩噩
好过一言不合

动荡，动荡
昨天哭了，明天笑了
且看人生几何
罢了，罢了
旧的去了，新的来了
终究岁月蹉跎

再见，如果
去的尽管去了
如果，再见
来的尽管来着
……

宮・商・角・徵・羽

宫

仗剑执节听胡笳，笑吹羌竹破楼兰

梦回汉唐

仗剑执节听胡管,
笑饮狂沙破楼兰。
黛眉轻挑芙蓉帐,
风扶杨柳醉罗衫。
春宵易冷烛光暖,
长恨千年不复还。
琵琶声声催白发,
此情归处是长安。

长安行

骊山脚下秦王殿,
咸阳原上汉家陵。
烽火几度诸侯怒,
红颜一笑李唐倾。
鸿门堡里刀剑重,
华清池内飞霜轻。
武帝在此得真经,
太宗始通丝绸路。
秦风吹开华夏地,
唐歌一曲又升平。
独领神州十三朝,
夕阳残照秋风里。

中隐白居易,
乐天而知命。
脚踏飞云履,
犹唱琵琶行。

多情不过李商隐,
唐宫深处有远亲。
富贵本是无情物,
几番浮沉明月心。
西昆精巧意朦胧,
情思难懂作无题。
伤心岂为情长事,
琴瑟最美弦外音。

大唐飞歌
——那些伟大的灵魂

谪仙李太白,
诗酒藏剑气。
徒留魏晋风,
难舍大夫名。
天上长庚星,
岂知世间情。
没落犹风骨,
不肯换门庭。

圣人杜拾遗,
名门有愤青。
乱世守清节,
不忘报国情。
拳拳赤子心,
籍籍无功名。
不做河西尉,
只为凌绝顶。

摩诘为才俊,
诗画有佛音。
福祸凝碧池,
诵经辋川里。

大唐红颜

锦绣皇城双凤阙,
鎏金映射照华年。
剑气寒霜明光铠,
万邦来朝拜旒冕。
大明宫内大明词,
极乐殿里极乐宴。
唐王亲谱羽衣曲,
轻舞霓裳醉红颜。
生为盛世添国色,
花落身死有谁怜。
痴心本是寻常事,
只恨身在帝王边。

少年故宫行

曾几宫门深似海，
一朝禁地四方开。
少年不解千秋意，
踏破玉阶径自来。

南昌行

天下英雄城,
赤胆耀神州。
平地惊雷起,
风雨换城头。
黄金累汉阙,
凤采满高楼。
少年今若在,
依旧笑王侯。

登黄鹤楼二首

扶摇九天上，
江山入画中。
莫道有仙人，
应念孙仲谋。
崔诗传千古，
太白亦多愁。
华夏多奇俊，
何惧竟风流。

万里江山第一楼，
几番浮沉笑春秋。
不知天上有圣境，
黎民脚下乃神州。
每逢盛世多胜景，
南朝北望尽哀愁。
待到华夏复兴日，
狂吟唐诗三万首。

重游三清山

吾爱三清多奇俊,
峰林直上紫云霄。
狂蟒既出吞红日,
神女东方竟妖娆。
犹记那时清风路,
凌云相伴试比高。
突如一场穿云箭,
三十年来又一遭。
雨过天青梦初醒,
醒后更觉人世好。
而今再拜三清殿,
欲要故人共逍遥。

观德天大瀑布

小流涓涓,
江河浩浩。
起于微末,
成于涛涛。
少年戚戚,
君子昭昭。
花自飘零,
我自咆哮。

三十八岁生辰

昨夜清风昨夜雨,
夜半周公叩门庭。
觥横筹错飞花乱,
一席欢梦到天明。
三十八年癫狂路,
半世功名半世情。
余生愿为自由客,
不负苍生不负卿。

江城子·人生四十梦一场

人生四十梦一场,
醒一场,
醉一场。
终日营营,
何复少年狂。
可怜新愁添旧怨,
心恨铁,
目成霜。

北风吹遍南风窗,
夜生凉,
透微光。
残月孤身,
形影对成双。
满树繁华几落尽,
如旧梦,
已秋黄。

柳梢青

莫道年少,
几多欢愉,
无尽逍遥。
鲜衣怒马,
腰仗三尺,
纵情云霄。

转眼江山易老。
看柳绿、花红谢了。
江湖已去,
庙堂亦远,
酒醒今朝。

清平乐·己亥年除夕

冲天炮仗,
声声驱罗刹。
盛世新年除旧岁,
鬼魅魍魉谁怕?

楹联高挂门楼,
红灯耀满神州。
已是春意难挡,
笑傲霜雪枝头。

点绛唇·除夕

又至除夕,
万户千家辞旧岁。
门前双对,
形形流苏穗。

几盏屠苏,
笑靥多娇媚。
当如我,
年年新贵,
且与东风醉。

水调歌头·初上井冈山

骄阳红似火,
初上井冈山。
碧洒层林尽染,
红旗遍地展。
自从黄洋枪响,
星火从此燎原,
鲜血铸摇篮。
四万红军魂,
豪气入云端。

壮志酬,
天下定,
共安康。
青山处处埋忠良,
不曾忘却。
往昔峥嵘岁月,
今朝民强国富,
华夏复兴忙。
吾辈当齐志,
薪火永相传。

念奴娇·红旗渠

巍巍太行,
见层峦叠翠,
横亘千里。
上古神游,
怒弯弓,
射落骄阳历历。
炼石补天,
衔石填海,
换得新天地。
鬼斧神工,
一脉华夏屋脊。

且看吾辈当年,
为求活水,
踏遍千山去。
战天斗地浑不怕,
一时多少意气。
山高水长,
红旗遍地,
千秋筑功利。
天上长河,
一朝坠落天际。

念奴娇·人民海军
——纪念人民海军建军七十周年

大洋碧倾,
千万里,
战舰纵横驰骋。
劈波斩浪,
上天入地,
一身英雄气。
壮哉人民海军,
翻江倒海,
钢铁劲旅,
试问谁人能敌?

遥想吾辈当年,
白马庙前,
只渔舟片几。
筚路蓝缕,
转眼间,
已是大国利器。
海上神兵,
驱豺狼虎豹,
壮志凌云。
长刀在手,
敢教世间正义!

破阵子·纪念抗美援朝七十周年

风雨共和新立,
塞外烽火未央。
黄沙百战犹未死,
忠骨万里赴国殇。
跨过鸭绿江。

纵横星野驰骋,
虎踞松骨金汤。
上甘岭上飞轻尘,
长津湖畔雪微霜。
英雄世无双。

商

想来何处秋风起,梧桐树前小轩窗。

晓 秋

薄雾愁云雨凄凉,
青纱素缦叶微霜。
一袭清风衣更紧,
不觉将晚夜更长。
雨打花落花更少,
落时犹带枝头香。
想来何处秋风起,
梧桐树前小轩窗。

卷珠帘

沙场征战急,
依依花烛泪。
一骑绝尘去,
战鼓响春雷。
幽幽凭栏处,
瑟瑟琴声美。
不知卷帘人,
红妆等谁归。

相见欢·高歌浅唱无酒

高歌浅唱无酒,
太温柔。
道是人有先后情无有。

相思泪,
醒也醉,
是哀愁。
纵然此情可待人难留。

相见欢·转眼新人旧友

转眼新人旧友,
情如酒。
无奈逝者如斯不可留。
离人去,
长相忆,
难聚首。
玉壶一盏明月寄思愁。

长相思二首

笑一曲,
泪一曲,
昨夜东风晚来急,
吹落相思雨。

醒一曲,
醉一曲,
痴心莫过章台柳,
问情深如许。

日相思,
夜相思,
卿卿远在千山外,
聚散终有时。

行也思,
卧也思,
相思总在阑珊处,
点滴汇成痴。

鹊桥仙·七夕

良人何处,
天阶望断,
落得神情褴褛。
乞巧日里忙曝衣,
于它处,
更无生趣。

明月共枕,
星河醉卧,
已是梦中款曲。
自是人间最无情,
舍却了,
往何处去?

菩萨蛮

不辞长夜奔波苦,
江边城外留人住。
星野女斗牛,
月照如水流。
烟波剪不断,
繁华理还乱。
可怜暮色短,
不觉秋风长。

临江仙·叶落霜红秋风起

叶落霜红秋风起,
陌上白露未晞。
薄翅双双恨别离。
漫漫萧瑟路,
自在胜轻骑。

月阑人静休独倚,
落落形影相依。
似有归期未有期。
江上清梦好,
晨起添罗衣。

如梦令·十年繁华光景

十年繁华光景,
孑然不曾营营。
且看镜中人,
隐约微霜两鬓。
飘零,
飘零,
好过独自深情。

点绛唇·何事忧愁

何事忧愁,
东风却比西风瘦。
衾衣革履,
难耐春寒透。

白玉花开,
好似纤纤手。
消魂处,
暗香浮影,
仿若人依旧。

点绛唇·南国

千里南国,
芳菲落尽秋风起。
黛瓦白壁,
古道斜阳里。

可恨光阴,
不知离别意。
情何苦,
人生如寄,
恁谁凭阑忆。

点绛唇·鸦雀枝头

鸦雀枝头,
瑟瑟空鸣老树上。
飞雪飘零,
暮里没斜阳。

春去冬来,
花落无声响。
空惆怅,
怎堪回望,
旧时俏模样。

丑奴儿·雨打芭蕉相思重

雨打芭蕉相思重,
何处说愁。
何处说愁,
北望登高风满楼。

最是深情难自醒,
一醉方休。
一醉方休,
也无欢喜也无忧。

忆秦娥·音声绝

音声绝,
飞鸿不度关山月。
关山月,
旧日如梦,
今已霜雪。

旌旗华盖龙首原,
泪眼忍作灞上别。
灞上别,
千般不舍,
幸有余年。

角

风雨多任性,卷起绿衣裳。

夜宿四明山

烟缈湖光暖,
灯隐山色寒。
和风吹入夜,
细雨话阑珊。
窃窃有私语,
默默无声响。
风雨多任性,
卷起绿衣裳。

早樱

昨夜飞入梦,
今晨满树开。
是为东风舞,
不知看客来。

玉 兰

群玉山上来,
乱入红尘里。
本是瑶仙子,
那堪世间雨。

登岱山岛

瀛瀛大东海,
郁郁小蓬莱。
徐福东渡去,
不见秦王来。
漫漫慈云道,
悠悠极乐台。
玉奴本无意,
翩翩撞入怀。

孟夏钱塘行

平生最爱是钱塘,
满城风月半城殇。
南都北望家国梦,
碌碌情深吴越王。
堤上杨柳吹又绿,
湖光云影弄清凉。
已是陌上芳菲尽,
谁家旧妇倚新妆。

陌上行

龙井出新绿,
玉蝶双双飞。
陌上花开时,
教从缓缓归。
妾本农家妇,
嫁作钱王妃。
生死岂富贵,
贫贱亦相随。

如梦令·春寒烟雨如酒

春寒烟雨如酒,
昏黄灯火锦绣。
小径独徘徊,
疑似暗香浸透。
莫走,莫走,
白玉不堪消瘦。

点绛唇·春风十里

春风十里,
未及相送已多情。
阴晴难定,
却看是风景。

青丝如沐,
香嗅千万缕。
相望眼,
情深如许,
一路相思雨。

蝶恋花

凭栏向晚天际渺，
燕雀归时，
万家灯火照。
杨柳依依有深情，
无风无雨多寂寥。

梦回几度正年少，
风发意气，
不知年月老。
人生自是无常乐，
多情难免多烦恼。

临江仙·梦里千寻终南去

梦里千寻终南去,
望断江南烟雨。
长安一百零八坊。
化作相思鸟,
飞过千山去。

年少不知情重,
从来混账东西。
莫恨前路多坎坷。
愿得一人心,
白首不相离。

望江南·须年少

须年少,
夏花正妖娆。
人生不负游子意,
清风扶袖上云霄。
天有几重高。

望江南·登晋王祠

寻盛景,
初登晋王祠。
悬瓮山下泉难老,
圣母堂前龙长嘶。
唐宗发韧时。

怀旧梦,
华发又青丝。
岂将新愁添旧恨,
聚散依依终有时。
何处不相思?

西江月·溪口寻漂流未遇

兴起郊野兜转,
阡陌草色青黄。
小桥流水却寻常,
只是漂流无望。

两片飞花入梦,
几点秋雨微凉。
窃香韩寿逆微光,
胜似春风无量。

踏莎行·清明

淫雨霏霏,
轻纱漫雾。
满面黄花争春妒。
故人新客偏来迟,
一路行至春江暮。

再拜先人,
旧坟新墓。
遥寄关怀无重数。
求得故土盖新庐,
老去未敢忘归路。

徵

沉郁诗香清平宴,玩清勿须赢。

点绛唇·天上神仙

天上神仙,
乱入红尘为哪般?
琼楼玉阶,
龙羹配凤汤。

乐得寒暑,
喜荆布糟糠。
挥挥袖,
仙班别过,
向人间苍茫。

如梦令·情深不畏缘浅

情深不畏缘浅,
笑谈风月无边。
且看销魂处,
仿若天上人间。
疯癫,
疯癫,
好个世俗神仙!

如梦令·楚馆花灯依旧

楚馆花灯依旧,
几面锦旗新绣。
顾盼欲驱前,
却是兴情疏陋。
饮酒,
饮酒,
三两便到白昼。

如梦令·应是西风料峭

应是西风料峭,
几近东风颠倒。
一念落凡尘,
竟与卑鄙同道。
胡闹,
胡闹,
确有十分可笑。

临江仙·欢聚小楼不肯睡

欢聚小楼不肯睡,
通宵达旦为谁?
同饮夜色千杯少。
香烟吐不尽,
纸牌任翻飞。

游戏人间无成败,
谈笑莫论是非。
若问此生何处去。
愿随武陵人,
迷路不思归。

临江仙·夜饮

举杯共饮长江水,
水里桃花满盈。
三杯两盏不过瘾。
一瓶又一瓶。
把瓶都不醉,

耳热酒酣痴痴笑,
已是十年光景。
最是多情难自醒。
余生应笑我,
戚戚少年情。

清平乐·老魏

包房虽小,
十二人刚好。
酒过千巡仍太早,
疑是余情未了。

藏龙银海轻飘,
扶摇欲上云霄。
唯有老魏清醒,
只道人世逍遥。

乌夜啼·寒风吹瑟瑟

寒风吹瑟瑟,
潇潇飞雪清平宴,
酒郁诗香清平宴,
玩猜勿须赢。

举杯情真意切,
相看意乱情迷。
归途作伴需清影,
暗夜不独行。

薛　涛

小小歌舞伎，
堂堂校书郎。
只闻车马喧，
未见人惆怅。
彩笺兼尺素，
相思在草堂。
敢问意中人，
为谁理红妆？

望江南·登江郎山

江山笑,
秋日正逍遥。
壁立千仞浑不怕,
清风扶我上云霄。
年少爱登高。

——国庆假日,秋高气爽,携子登高,以接天气。山路险峻,道阻且长,成人亦诸多半途废弃。子虽幼,却多振奋,不辞辛苦,终得登顶。

酒

烈似英雄血,
柔若美人纱。
谈笑上青云,
醉看水中花。
一杯红尘笑,
两杯笑红尘。
既生婆娑里,
何以无痴傻?

与友人聚于思南小楼

思南小楼里,
日落清幽处。
举杯相见欢,
一饮一杯无。
相思有来路,
寂寞无归途。
繁华终落尽,
形影难相属。

甲午中秋三首

岁到中秋月到圆,
又是人间小团月。
家人亲友若安好,
便是人生好时节。

又是一年好时节,
丹桂飘香月满圆。
愿享人间天伦乐,
不与嫦娥上九天。

中秋白露同一天,
玉兔如水照无眠。
举杯邀得宋时月,
东坡与我共婵娟。

秋日偶遇

梧桐夕照已秋黄,
寒蝉枝头翅微霜。
莫道秋风空悲切,
若无深情何凄凉。
可怜相识未相亲,
顾盼流连怯相望。
一潭秋水花带笑,
玉面芙蓉似春光。

羽

偏爱江湖远，不领帝王情。

杭州行四首

西子湖畔杭城邦,
天堂落在水中央。
三山环抱盘中玉,
一面繁华一面殇。

西泠桥头思娇娥,
慕才亭里念哀歌。
少年一骑青骢马,
小香暗透油壁车。

长堤破晓春风里,
湖光日月似金银。
风月无边杨柳岸,
一壶龙井听佛音。

钱王吴越地,
山水有胜景。
南朝多祸乱,
御赐临安名。
北望无归处,
歌舞复升平。
偏爱江湖远,
不领帝王情。

广西行三首

悠悠南疆行,
急急边塞雨。
远山响惊雷,
疑是烽火起。

通天灵秀峰,
翠谷玉苍茫。
潺潺通幽处,
缓缓拾阶上。
白练当空落,
飞流三千丈。
一入水帘洞,
变作美猴王。

灵秀山水画,
人在画中行。
一场东风雨,
留客不留情。

莫干山

江南灵秀山，
幽篁颜如玉。
天光弄云影，
老客踏新绿。
遥望山青色，
侧听清风曲。
埋剑深山中，
一蓑任烟雨。

乌镇·江南

江南水乡美,
乌镇尤为先。
雕梁衬青瓦,
楼台绕水间。
船橹摇清波,
古曲唱人怜。
三白酒醒时,
沉醉已千年。

冬日江南

江南日迟青山暮,
翠萝松竹晓寒疏。
庭院似有梅花语,
锦帽貂裘莫肯出。

午后漫步

潇潇细雨间,
凄凄如芳草。
陌陌湖边道,
相思晚来早。

夏日湖畔行

夏日湖畔那堪行,
幸得近处有绿荫。
聒蝉噪得天愈热,
鸟儿啾啾却幽冥。

不思量

沉醉不需酒,
日暮亦多愁。
人生且短,
短不过欢愉。
夜色且长,
长不过思量。
依依情深,
贡水河畔江风暖。
光影眷眷,
小井木屋倚长廊。

无 题

小河潺湲风轻爽,
虹桥暮里醉斜阳。
垂竿置罟水边钓,
御风弄鸢九天上。
曾经年少多癫狂,
纵横忧患乃沧桑。
嬉笑怒骂皆任性,
不做权贵不称王。

雨后晚晴

山林霜未白,
红叶已飘零。
江南秋雨后,
人间正晚晴。
诗酒曲中意,
来去莫须名。
曲终人未散,
千山不独行。

灵江月·乡情

皓皓灵江月,
悠然照夜青。
相逢怯相望,
恰似故人情。

临江仙·一去龙游二十载

一去龙游二十载，
故乡已作别院。
乡音渐疏人渐远。
少年不思归，
中年两难全。

青山长在水长流，
江上秋月无边。
年年新愁添旧怨。
人间多苦楚，
何事竟圆缺？

如梦令·秦淮

十里秦淮光影，
和风细雨美景。
试问摆渡人，
岸上何处卿卿？
痴情，
痴情，
沉醉不知功名。

忆江南·武功山夜饮

饮酒罢，
夜雨未曾收。
踏遍千山皆过客，
清风伴我逛神州。
何事却忧愁？

清平乐·小院人家

斜阳正媚,
欲把青山弄醉。
小院人家初落户,
门口灵狮一对。

绿树半倚峥嵘,
红花笑与清风。
最喜花前月下,
家有不老仙翁。

余·音

文化杂谈之
唐诗与唐代

一本正经的历史和不拘一格的文学向来是纠缠不清的，有时是轰轰烈烈的相爱，有时是欲拒还迎的暧昧。情深处，历史的一个拥吻，文学便摇曳身姿，回应热烈；含蓄间，文学的一个浅笑，历史便心领神会，朝思暮想。然而，有爱必然也有恨，这一对相伴相生的恋人一旦恨起来也是六亲不认甚至残酷的。这种情况往往表现为历史对文学的压制摧残和文学对历史的反叛鞭挞，一个是实实在在地动手了，而另一个仅能停留在口诛笔伐上。

在历史的长河里，唯有历史本身是鲜活且厚重的，任何个人在历史面前都只是无足轻重的尘埃而已。任凭你雄心壮志，小小的个体生命无论如何折腾都无济于事，绝大多数人连朵浪花都翻腾不起来。然而，在个体有限的生命长度里，大多数人却也不甘心就这样被时光匆匆碾过，留下属于自己的印记成了大多数个体生命的意义追寻。前些日子，闲来查阅书橱，本是准备找一本工具书，却在不经意间发现两本还未启封的关于唐宋诗人的书，便欣欣然拆了封，转而投入到那些曾经鲜活无比的生命中去了。

正所谓词意在词间，诗意在诗外。相比于词，国人对诗的喜爱和接受程度相对更为普遍广泛。词是自发于民间的一种流行文化，在当时跟今天的流行歌差不多，最后从一种伶工之词升级为士大夫之词完全是一种自下而上的文化倒逼。而我们今天读到的诗，几乎天生就是走的上层路线。作为少数派精英阶层的诗人骨子里都有一种孤独的自负，他们以诗言情，以诗明志，以诗来探究人生和宇宙的意，这必定不是普罗大众天天会做的事。当然，当后来自上而下，由少数到多数的普及推广以后，连一个卖菜大妈都能吟上两句，那所谓的诗就徒留诗之形而无诗之实了，打油诗估计就这么来的。

诗成熟于唐代，唐代也是诗的鼎盛时期，这是有其必然性的。抛开诗作为一种事物有其时间上的发展规律不说，诗和诗人所具备的特性和唐这个朝代的特性是高度契合的。唐代文明虽说根植于华夏农耕文明，但由于历史原因，血液里流淌着浓重的游牧文明血液。这种文明带来的文化表现就是民风的开放、自由的追寻和个性的彰显，里面还伴随着"侠"文化的兴盛。所以，唐诗多半都是大气的，辽阔的，有时还带点悲壮和荒芜感。唐代的诗人也多是带点侠气的，尤其是唐初的很多边塞诗人都是跟着军队一起行军打仗的。李白不仅诗写得好，据说功夫也不错，出门常常佩着剑，连喝酒都带着侠气。正所谓"十步杀一人，千里不留行。"李白崇拜仰慕侠客，所作所为也是奔着侠义去的。一个大唐最有名的诗人，梦想竟然是当一个侠客，这种事情也只能发生在唐代。毕竟，中国历史上大多数朝代的文化都属于田园文化，因为田园文化有利于社会稳定，发展经济，这是统治阶层所乐见的。但那些文化里很少有"自我"这个概念，只有家国天下，所以是容不下这种自由奔放、强调个性的侠文化的，也就没有这种浓烈、张扬的自我表达。而唐代由统治者开始的游牧文化渊源对这种侠义之气是习惯并包容的。据说，当年武则天看了骆宾王写的《讨武曌檄》，第一反应竟然不是被骂得狗血淋头之后的怒不可遏，而是问底下的人为什么没有招此人入朝为官。这种大唐才有的包容和大气可见一斑。

历史和其对应的文化在气质上总是统一的。怒放的朝代，怒放的诗篇，奔放、热烈、华丽，哪怕是最后的悲壮。唐代这段历史和唐诗的这场恋爱谈得着实让世人觉着过瘾，也成就了华夏历史上最灿烂辉煌的记忆。我们现在说中华复兴，私以为当自文化复兴始！

江湖杭州

从小到大，除了我曾长期居住过的地方以外，杭州是我去过次数最多的城市。关于这座城市，我有过如此多的记忆，却唯独没有留下半点文字印迹，这与我几乎每到一处总会自说自话地啰嗦两句以作纪念的习惯可说是全不相符。原因？当你向别人描述一个与你初次见面的人的时候，简单地贴几个标签，感性地表达一下喜好，你很容易就能勾勒出那个人的轮廓来。而当你要介绍一个老熟人的时候，你却可能兜兜转转半天也未能尽言，总觉得怎样描述都不全尽，都不准确。于是，索性只一句"嗯，这是我朋友"，或者干脆保持沉默。之于我，杭州就是这样的一位老朋友。初见时，我尚年少，只顾着兴奋地疯玩；再见时，匆匆而过，也没那份能静下心来的闲情；相见数次之后，等到想要写点什么，发现已是想说的太多却已说不清的境地。况且，这期间我对杭州的情感还经历了由喜到恶，再由恶到喜，喜恶交织的起伏转变。于是，将对杭州的种种情感落实到文字的任务便一直拖沓至今，俨然已成为一桩不大不小的心事。

　　七大古都之一，新一线城市，人间天堂，省会城市……在我看来，杭州就和人们给他的各种称谓一样，一直徘徊于正统和闲散之间，忽而高居于庙堂之上，忽而偏安于江湖之远。这种飘忽不定的游离状态让人很难给这座城市的习性和气质下定义。好比一个人，当你说他不行的时候，他冷不丁就跳出来，好一阵轰轰烈烈，天翻地覆；当大家都夸赞他行的时候，他却又不知什么时候悄然退下，浪迹江湖了。杭州就是这样：你说他富而不强、大气不足，他便从繁忙的生产生活中抽出身来做了两朝的帝都，以雄厚的财力和强韧的文化包容了整个国家的战略后撤，毅然决然从后院走到了前庭，保留了民族复兴的火种，支撑了江山一统的希望。即使是千年过后的今天，当那些后起之秀有意无意想要将他忽略的时候，他也能懒洋洋地培养出个阿里巴巴，一跃成为全国乃至全球的电子商务中心。而当你说他积极进取，勇立潮头的时候，一转身，他却又泛舟湖上，听着越剧，品着龙井，悠哉悠哉远去了。

　　杭州沿海却不靠海，通过钱塘江与海相连，三面环山，怀抱西湖。这种独特的地理位置也造就了他独特的性格特质。作为历史文化名城、经济重镇，明明可以加官进爵、大有作为，却总是一副和朝廷若即若离的样子，更愿做个江湖人。除了吴越和南宋，不得已担负起正统的重任，其余时间似乎一直以一种亦文亦商的姿态在江湖上晃荡。大海的大气间或有之，需要时方才显露；江湖气息则深入骨髓，藏也藏不住。杭州城如此，杭州人也如此。历史上的名人不讲，你就看现在的马云。作为一个成功的商人,他自然是要懂点战略、讲点格局,但事实上,他身上浓重的江湖气绝对盖过他现在在公开场合大谈特谈的所谓大战略、大格局。天天谈战略谈格局的人也许能当个成功的政治家,但一定当不了成功的商人。成功的商人更多的是要有闯江湖的姿态和劲头。你看马云给自己起个花名叫"风清扬",这种江湖气你就可以体会一二了。杭州是浙江的省会,杭州如此,进而影响到整个浙江差不多都是如此。于是,浙江人也差不多是如此:有才也有财,骨子里也有些大气。但那种大气却维持不了多久,三两黄酒的酒劲一过,就发现还是过自己的小日子来得实在,不到危急关头,一般想不起天下为何物。

  杭州就是这样一座城市,有时候你甚至很难分得清到底是文化塑造了他,还是他塑造了文化。这个山清水秀、人杰地灵的人间天堂,在古代,因为太富庶以至于成了最不像皇城的帝都;在今日,因为太有文化以至于成了最不像土豪的有钱人。前面我曾说我对杭州是有过厌恶的,就是有那么一段时间,他因为要进行所谓的现代化建设,搞得整座城市乱糟糟、急吼吼,我生怕他丢了应有的气定神闲和优雅从容,变得和那些所谓的后起之秀一样浮躁和急功近利。好在折腾了一阵之后,尽管旧貌换新颜,但骨子里还是一如既往的淡定自若。西湖还是那个西湖,这举世闻名的天堂胜景,仍然只是杭州人家门口的寻常风景。

塞纳河左岸，与诗意无关

走在巴黎的街头，与一张张骄傲和慵懒的脸擦肩而过。和这座城市和城市里人们的第一次见面，却没有什么陌生感（原因后面会提到）。法国人的骄傲和慵懒由来已久，他们继承的除了曾经的辉煌历史，还有浓浓的挥之不去的富二代气质。毕竟，不曾强大，何来骄傲？不曾富有，何以慵懒？于是，懒洋洋地躺着，或抬头挺胸地站立，都是最法国的姿态。尽管前者更多体现于普通百姓，后者更多体现在统治精英，但他们骨子里这两者都是兼而有之的。

都说法国人固执、排外，不太愿意说别人的语言，永远觉得自己的东西最好，看待别国人总带着城里人看乡下人的眼光。事实上，别的地方不知道，单就巴黎这座城市而言，给人的感觉自由度和包容性还是很大的。骄傲不假，但这种骄傲并没有什么攻击性。这座多人种、多民族混居的城市，各行各业的人们彼此间保持着相当程度的默契，显然是一起久经风雨的，均能各安其事，相处融洽。

法国人既保守又敢于创新，这一点从法国设计的各色产品就能看出来，从民用到军用，均是自成体系，别具一格。当然，有时候这些设计和做法你可能会感到没那么亲切，但他们的奢侈品在全世界流行，靠的就是这种保守式的创新或者说创新式的保守。既遵守规矩也没那么遵守规矩，始终一副矜持着，又随时准备打破的样子。喜欢法国产品的人，大多是欣赏这种优雅的固执，再加上一点与众不同、出其不意的小小新意。

　　现在跨国恋、跨国婚姻越来越多，但文化差异造成的矛盾困难也不少，给幸福的相处增加了不少麻烦。我在想，对于中国人来说，也许娶个法国女人或者嫁个法国男人是所有异国姻缘里一个不错的选择。因为若仔细观察体会，你会发现，相比于其他西方或西方化的国家，法国和中国这两国的人们身上体现了相对更多的共性。这两个无论在地理上还是文化上看上去都相去甚远的国度，却不约而同地表现出两种共同的特质：血液里对辉煌历史的浓浓记忆和对当下现实的淡淡落寞，甚至人们身上偶尔表现出的那一点精明和欺软怕硬都默默神似；还有那种既矜持又随性略显拧巴的性格，除了这两个国家的人们以外，其他地方似乎并不多见。前面说到初次到巴黎却并不觉得陌生，原因就在于我感受到的人们身上这种相似的内在气质以及带来的相近的思维方式和实际做法。大胆猜测一下，吃着西餐里烹饪方式最接近中餐的法国大餐、和法国人民肩并肩，一起在斑马线熟练地闯个红灯，应该是大部分中国人在巴黎最轻松加愉快的两件事。当然，区别也是有的，中国人勤劳而略显麻木，法国人慵懒而捎带敏感。

　　法国人对自由的热爱是深入骨髓的。即使近几年暴恐事件不断，法国的各种安检仍然是大国中最宽松的。他们似乎不愿因为任何偶发的外在因素而束缚了自己的手脚，打破自己的习惯。甚至可能认为，与自由相比，一定的损失和风险是可以承受的。大部分人提到美国文化，首先想到自由、民主、平等的所谓核心价值。而事实上，这在幕后资本运作越来越急功近利，管制越来越严厉的今日美国，这早已沦为一种口号式的国家政治宣传。其实，没文化的美国人就这点引以为豪的所谓核心价值观还是法国人民"无私奉献，友情赠送"的。美国独立战争，法国人又出钱又出力，提供枪支弹药的同时还给人配个将军、军官啥的。抛开和英国在北美的利益争夺不说，法国人当年确实是对自己的自由文化充满自信的，所以满心欢喜地想要送给新大陆上的美国人民。你再看纽约港至今仍高高耸立的自由女神像，就知道法国人对自由是由内而外，从无形到有形的真爱。好东西不仅自己喜欢，且希望别人也喜欢，法国人这种既自私又乐于分享的精神也是仅次于中国人的。

　　与法国和巴黎的初次相见是愉快的，比美景更让人愉悦的是文化印证和感受的过程。可惜，感性的舒展是需要不被打断的美妙惯性的，即便是诗人，也会被拖家带口的琐事泯灭了诗兴。所以，只好把自己的思绪拘禁在理性的牢笼里，隔着栅栏做一点略带感性的抒情，聊以自慰，并作为对每次我出行总是关心我写点什么胜于我本人的朋友的一点交代。

　　巴黎的贫富差距从未改变，且越拉越大，只不过共同富裕的时候，所有人得以一起共享荣光。昔日的贵族今已没落，徒留坚强并着脆弱，曾经的光荣与梦想在高卢人的臆想中无限延展。越来越多的人又开始陆续走上街头，走进地铁隧道，昂着头，"有尊严"地乞讨。时过境迁，曾经的辉煌已渐行渐远，但法兰西仍然是全世界人民的小公主，巴黎仍然是法国人民的心头肉。

夜游秦淮

在"大牌档"吃完晚饭,踱步夜游秦淮河夫子庙。只见人流如织,张灯结彩,恍惚间,仿佛置身千百年前其盛时的繁华景象。楼高三两层,或沿街并列,或隔岸相望,都挑着灯笼,相互映衬着。想来与现在的摩登喧嚣相比,古时的繁华则平添了许多的温度,让人倍感温暖。正走着,一段古曲唱腔婉婉转转、袅袅娜娜从远处传来,惹得我心头一热,不禁想起明末清初以歌舞技艺见长,才貌双全的秦淮八艳。那个年代还没有摄像摄影的技术,自然没能有她们的真实影像流传下来,但你却可以凭借诸如《板桥杂记》等那些当年在这秦淮两岸流连忘返的文人墨客留下的文字,在脑海里勾勒她们的样子。或清新素雅、气质如兰,或浓烈娇艳、妖娆妩媚,但无一不是倾国倾城,我见犹怜的动人模样。况且,这想象中的人儿都是为你一人专属定制的,别人想偷都偷不走,料想这应是人们独占佳人的最佳方式。

所谓"十里秦淮灯火灿,一水相隔河两岸。"秦淮八艳当时身处南岸的旧院,而北岸则是有名的江南贡院(中国古代最大规模的科举考场,从宋代建成到清末科举制度废除,从这儿走出了八百余名状元，十万余名进士，百万余名举人，仅明清时期便有半数以上官员出自这里，南京的"江南文枢"之名由此而来）。一岸是才子，一岸是佳人，隔岸相望，也不知是南岸的歌舞激励了北岸的学识，还是北岸的文采润色了南岸的曲子。而这两岸间看似不解风情、隔断情缘的秦淮水恰恰是这国家、民族前庭后院最温柔的连接。由此想到中国古代的这些名伶艺伎，虽身处烟花之地，但她们大多卖艺不卖身，而是以歌舞技艺见长，辅以诗词歌赋、琴棋书画，基本相当于今天影视歌全面发展的演艺明星。古时汉室女子，虽说社会地位上主要依附于男人，但这也是不无好处的。"君为臣纲，夫为妻纲，父为子纲"，既然作为女性榜样的男人们都注重修身齐家治国平天下，那有学识的女子主动受教，没有学识的女子耳濡目染，自然也都心怀家国天下。仅这一点，当年的这些曲中女子，比起当今很多的明星都要来的更为矜贵圣洁。就说这八艳之首的柳如是，暂且不论她文采出众（著有《湖上草》《戊寅草》《尺牍》），比起许多知名的文人不遑多让，就说她在明亡之后要拉他丈夫（"学贯天人"的明代大才子钱谦益）一起投水殉国，结果，他丈夫试了下水说："水太冷，不能下"，而她仍"奋身欲沉池水中"。这份爱国情怀的深厚与贞烈，许多男儿都自愧不如。

　　思绪起伏间，不满三岁的儿子过来拽我的衣角，一脸兴高采烈的样子。我想着，若是真回到古代，我定会鼓励他来这北岸的贡院考取一张报效国家的入场券。当然，我也不会反对他到对岸找一位可以把酒言欢、吟诗作对的红颜知音，找一床知冷知热、甜香四溢的温柔之乡。

纪念我的外公

外公走了,对于一个八十九岁的老人来说,突然却并不意外。这个年纪的人,活着是件让亲人开心的事,逝去也是晚辈们早就有心理准备的。上个周末,突然接到老家的电话,一阵悲伤袭来,而后很快归于平静,就像一个一直在路上却不知何时到达的消息突然说到就到了。很多事,心理上有所准备却不等于完全控制得了情绪。一个和你有着直系血缘关系,更和你有过三十多年生命交集的人走了,你们此生共同的生命旅程从此告一段落。对任何人来说,即便没有痛彻心扉的哀痛,也是一种无法弥补的人生损失,内心里那种瞬间落空的失重感仍是猝不及防。

按照定好的日子,火化和入葬隔了十来天,按说这两个场合我都应该在场。但由于工作原因只能二选一的时候,我毅然选择了赶在火化之前回去看一眼老人在这世上最后的样子。中国人讲究入土为安,按照老家的习俗,入葬比火化来得重要。但在我看来,作为两个完整的人的告别远比那些隆重繁琐的仪式来得重要。

  在回老家的路上，我脑海里一直不停地搜寻着从小到大，自我有记忆以来，老人和我之间的点点滴滴。七岁那年夏天，我不顾别人嫌弃奚落，死皮赖脸要跟在一个比我大的孩子后面，只因他有一个别人都没有的玩具。外公拉住我，不让我继续跟着。我不听，继续跟着，最后被外公一个重重的巴掌甩在脸上，告诉我做人要有骨气。直到多年以后，我都依稀可以触摸到脸上那一片火辣辣，生疼生疼的。还是一个夏天，和一群小伙伴打赌，我爬上一棵很高的树去掏一个鸟窝。结果上去容易下来难，我被困在了高高的树杈上。也不知在树上待了多久，眼看天都要黑了，小伙伴们全都跑回家吃饭了，就剩我一个人紧紧抱着一根树丫。直到外公找到我，搬来一个很长很长的梯子，小心翼翼地把我从树上弄下来。也许觉得我被吓到了，外公竟然没有骂我，尽管我已经做好了挨揍的准备。还有一年冬天，母亲在医院护理住院的父亲，把我送回了乡下老家。那一阵，都是外公陪我一起睡觉。每天睡觉前，他都要拉着我在门口的池塘里洗脚。水太凉，我不敢下水，他连哄带骗帮我把脚洗干净，说男孩子要勇敢。那冬夜里透心凉的水，很多年以后部队拉练的时候我才又再次体会到。彼时，却多了一份莫名的亲切。

  ……

  到老人家门口的时候，舅舅们已经和殡仪馆的人一起抬着冰棺往殡仪车上送了。殡仪车比约定的时间来得早了，本来打算在老人身边坐会儿，好好看一看，说点什么，这会儿只能匆匆看了老人家一眼，便跟着往殡仪馆去了。在殡仪馆有个简短的家属告别仪式，终于有时间好好看一眼外公。老人静静地躺着，脸上表情很安详。看着老人的脸，一幅漫长的人生画卷在我眼前缓缓展开——八十九年的人生旅程，地主家孩子出身，却没有享受过地主家优越的生活；上中学，正是血气方刚的年龄，主动拉着一帮同学去参加了解放军；部队打散了，回老家结婚、种地、生了四个孩子；"文革"时，因为有名无实的出身被抄了家；当了一辈子农民，村子里没听到哪怕一个人说过他的坏话。

看着老人如睡着了一般的样子，我想他这辈子做人做事都应该没有什么遗憾吧！但当母亲告诉我，外公在去世前一天拉着同样是八十九岁的外婆的手说："这次，我就不陪你了"的时候，我还是感到了他在预感到自己生命即将终结的时候对于自己在这个世上那份未尽责任的深深眷恋和不舍。再看我一路上想着要如何安慰的外婆，满头的银发有些凌乱，眼圈发红，但却是出奇的淡然和平静，只是脸上的皱纹刻得更深了些，娇小的身形显得更瘦弱了些。这对携手走过近七十年风风雨雨的老人就此别过了。没有太多的言语，但从外婆的眼神里，我能感觉到他们一定有他们的约定，无论今生或者来世。

进焚化炉之前，挪棺时，我上前把老人的头轻轻地捧起，再轻轻地放下，尽量把他摆得正一点，一如他生前正直的样子。我轻触他的脸颊，试图从老人早已冷却的身体再次感受他人生的温度。再转身，便完成了我和老人近三十六年生命交集的告别，也完成了他近九十年生命厚度的累积向后人的交接。

李敖

不知怎么的，这两天突然开始怀念起李敖来。于是，我趁着晚饭后的闲暇，在网上找了一些他当年的演讲视频来看。都是之前看过多次的，内容也都熟知，之所以不是再翻他那些文字出来而是视频，就只是想要再听一听、看一看，以作一个无来由却又具象的怀念。

这家伙，无论多大年纪，活着的时候永远活蹦乱跳。如今，斯人已逝，每每读到他的文字、看到视频里他嬉笑怒骂的样子，仍觉如此鲜活。他幽默、犀利、狂妄，还经常在正式场合讲荤段子，但那只是他有意要给你看的一点小聪明、小任性，那不是真正的李敖。真正的李敖真实、热血、勇敢，刻薄而慈悲、倔强而包容、孤独而深情，他对这世界有深切的爱，也有刻骨的恨。

人都喜欢听好话，他也喜欢，但他却会骂那些赞美过他的人。因为他认为你对他的赞美应是基于对他的认同，而不是为了换一个相互吹捧的筹码。所以，你说这小子不地道、不讲究,"我说你好话,你不说我好,反倒骂我!"可在他眼里,你若不认同,大可不必假惺惺地赞美。你若想以阿谀奉承换取一个对等的赞美,对不起,他绝不会配合你的投机和虚伪。在他的逻辑里,若一个人说的做的是对的,你赞美他就是在做对的事,是为扬善;若他说的做的并不对,你仍然赞美他,那你就是在做错的事,是为作恶。

他的感情生活丰富,对男欢女爱乐此不疲。有人试图拿他的私生活批判、否定他,却终究徒劳,他从没有想过要做一个圣人,他只想做个正直的凡人。他摆脱不了凡人的七情六欲,也不想摆脱,甚至不屑于隐瞒。君子坦荡荡,比起那些藏着掖着、道貌岸然的所谓完人,他宁愿大大方方做一个不完美的人。这个不完美的人热爱自己的国家和民族,不畏强权,坚守正义,爱打抱不平,还拿自己的钱救济慰安妇,他对这世界有大爱。他的批判中有期盼,冷酷中有温暖,他的私情丝毫不影响他的正义和大爱。或者说,正是由于心中的这份正义和大爱,所以他才不屑于去隐藏自己的私情。

这样的人终究是孤独的,因为他是个异类,和大多数人都不一样。人们无法理解他的狂妄、他的刻薄、他的倔强。即使是身边最亲近的人,哪怕一开始对他充满崇拜和欣赏,最后也都因无法承受和这样一个分分钟得罪全世界的人绑定在一起所带来的压力而选择离开。缺点小了,优点就会放大;相反,优点小了,缺点也会放大。当距离拉近,光环褪去,曾经心目中的英雄最终无法给自己带来实际的好处,甚至连平静的生活都无法保证,原本的崇拜和欣赏就都变成了抱怨甚至怨恨。于是,一个个,一位位,来了又走,来的时候热烈,走的时候冷漠,个别善良一点的也只是无奈地摇摇头别过。最后,就只剩下他自己,一个人,坚持战斗。

这世上的人都太过聪明,聪明到可以通过揣摩他人的心思而无需言语沟通就达成一种默契:我不说你的不是,你也别说我坏,大家好才是真的好;聪明到即使遭遇不公也可以强忍着保持沉默,都等着有人忍不住先跳出来,最后牺牲的是别人,但好处却是见者有份。李敖一辈子胸怀坦荡,至死仍血气方刚。可惜的是,一个李敖走了,却没有千万个李敖站起来。鲁迅说,一个也不宽恕。李敖做到了,他甚至连自己也都不宽恕。

也许

- 一个人的幸与不幸，全在于他所看到的世界就是他所能看到的世界。
- 真正的智慧是不语，但绝大多数的沉默都只是因为无知或怯懦。
- 人，一旦相信了命运，便会不断地自圆其说，主动为命运求证，并最终证明它是对的。
- 我们所有的所谓人生经验，都是对侥幸成功的错误总结，抑或失败后对下次必定成功的盲目自信。
- 我们总在斗志昂扬的时候，兴冲冲跳出来，告诉所有人：心有多大舞台就有多大，又总在意志消沉的时候，悄悄地退回到自己的小圈子，告诉自己：能滚多远就滚多远。
- 我们逢人便夸赞一个人的长处，往往只因羞于面对对方更多、更大的长处。因为这个长处太突出，承不承认都显而易见，便正好拿来做自己全不如人的遮羞布，至少显得自己谦虚大度。

- 我所有的快乐都源于我是一个唯心的唯物主义者，我所有的苦痛都源于我是一个唯物的唯心主义者。
- 所有的靠近都是情不自禁的相互吸引，所有的渐行渐远都是心照不宣的彼此默契。
- 不偏不倚是为公正，不卑不亢是为独立，
不亲不远是为自由，不悲不喜是为长情。
- 没有阳光照耀的向日葵，就只是一朵菊花而已。
- 学会自我欣赏，然后端端地摆了架子，等人来欢喜。
- 人，就是这样：一开始过不了别人，后来过不了自己。
- 艺术，是赴盛宴时身穿的华服。
- 文学的本质和终极目的是悲剧，所有的喜剧都是它的自我保护。
- 如果我们对丑陋无动于衷，那我们对美一定有误解。
- 人，但凡能主观，便绝不会客观。
- 要么喜欢，要么理性，所有的理性都是迫不得已。
- 男人是天生的理想主义者，女人是天生的现实主义者。男人假现实主义之名行理想主义之实，女人假理想主义之名务现实主义之实。
- 我所知太少，不配思考。